JN411317

이경수 제 4시집

파랑새가 노래하는 까닭은

ⓒ 파랑새가 노래하는 까닭은

지은이 • 이경수

펴낸이 • 강옥현

주　간 • 양재일

발행처 • 도서출판 오감도

초판인쇄 • 2016년 10월 10일

초판발행 • 2016년 10월 15일

전화 (02) 2277-2592 070-8236-2591

팩스 (031) 775-0161

출판 등록일 • 일제 10-1651(`1998. 10. 15)

서울시 중구 을지로3가 268 유일빌딩 604호

ISBN 89-5698-330-1 03810

값 10,000원

머리글

거센 비바람 속에서도 아직은 세미한 소리를 듣는 파랑새랍니다. 그리고 들과 산과 바다에서 끊임없이 몰려온 안개가 가지와 몸통의 줄기를 따라 흘러내려서, 사계절四季節 얼지도 가물지도 않는 심연心淵이 있지요.

거기 물가 푸른 나무에 둥지를 튼 조그만 파랑새와. 떠나지 않는 한 마리 백조白鳥는, 파ー란 하늘에 뭉게구름이 하얗게 수놓아가며 잔잔한 미풍이 사르르 불어오면, 긴 목을 늘이고 날개 파닥여 수면水面을 박차 태양을 향해 날아올라 잊을만하면 땀에 흠뻑 젖은 깃으로 내려와서도 먼 데를 향한 눈길로 수초水草 사이를 두리번거리고. 물가 언덕에 이름 모를 꽃들이 조그맣고 예쁜 얼굴로 방긋방긋 웃을 때면, 호숫가 푸른 나무에 떼로 몰려든 오색五色 찬란燦爛한 새들이 나름의 목청으로 장관壯觀을 이룹니다. 이때를 놓칠세라 볼품없는 파랑새도 탁한 소리의 서투른 노래가 끊임없이 이어진답니다.

2016 년 9 월

청목 이 경 수

1

끝나는 그 날까지

2

아름다운 새벽

3

인사 없는 이별

4
희미한 시선으로

5

분주한 영혼

1

끝나는 그 날까지

여명黎明의 동東으로

한밤이 훤하고 너무나 어수선하여
귀를 기울이다 살그머니 나가보니
울안 가득 넘치는 희부연 물결에
별무리가 내려와 첨벙거리며 즐깁니다.

조용히 모르게 끼어들어 몸을 담그고
검푸른 하늘의 남은 별을 다 세려다
시린 손 부비며 들어온 서쪽 내 방이지요.

그러나 맘이 졸여 떨리는 손으로
문을 다시 살며시 밀어 열자
밀려드는 새하얀 달빛 조수潮水에
사르르 들어오는 고운 내 님이어라!

그러나 너무나 오래인 해후邂逅라
진한 정情에 서로는 바라볼 뿐—.

밤이 지나도록 장승의 침묵으로
한 발을 다가서지 못하고 서있을 뿐인데
풍선처럼 부풀다 못한 입술이 마침내
터진 봇물의 홍수洪水로 몰려 나와

바다가 모래알보다 더 많은 사연으로
남은 밤을 새워도 다하지 못한 채
여명黎明의 동東으로 임을 또 보냅니다!

(1949. 10. 8. 04 : 30, 중 3 때의 작품)

상큼한 입김으로

봄의 곤한 잠에서 어쩌다 헤어나자
바스락 바스락 다가오는 소리들.

고요를 다독이며 숨 죽여 생각하니
아마도 늦은 봄이 담을 넘어 들어와
울안에 어린 봄의 깊은 잠을 일깨워서
철없는 저들이 보채는 소린가봅니다.

괜스레 뛰는 가슴이 멈추지 않아
문 가까이 다가가 기다리다가
먼동에 젖어가는 문을 활짝 여니

성큼 들어와 나른한 몸 감싸 안고
상큼한 입김으로 회칠하는 새 봄이여.

아직은 이른데

아직은 여명의 기지개도
이른 새벽 4시 40분인데

무례히 두들기며
방문을 흔드는 소리입니다.

아마도 늦봄이 찾아와서
깊은 잠의 꿩을 더듬어 놀라

황급히 불빛으로 내달려와
문을 이리 긁어대는가 봅니다.

여명의 기지개도 아직은
이른 새벽 4시 40분인데.

성화같은 재촉

언제나 어김없이
새벽 '네 시'지요!

더러는 피곤의 늪에서
헤어나지 못할 때면 으레
건져내어 실눈을 살포시 열며

"이보시게
일각여삼추一刻如三秋인
그 365일이 이제는 수유須臾라
늘 깨어 있어도 모자라지 않은가?

'긴 잠'이
코앞에서 머뭇거리고
할 일은 태산泰山인데
웬 잠에 그리도 취하려는가?

일어나게나
어서어서 일어나서
잠에 취한 영혼을 깨우게나."

'알람'의 성화같은 재촉입니다.

‘새우잠’

좀 마음이 안 맞으면
이내 굳어지는 얼굴에
힘을 더하는 입술들!

인내의 되새김도 지겨워서
이제는 도망치듯 내쳐 나옵니다.

빈 집에
홀로 들 어 설 때—.

산마루의 나무에서 몸부림치다
갈가리 핏빛으로 찢겨져 흩어진 햇살들이
시골의 어둑한 고샅길에 모여서
희붉은 모습으로 어정거리다가

철문을 밀어 여니 뒤 따라 들어와
마당 가득 무성한 잡초 사이에서

호젓한 빈 방의 외로운 모습에
거뭇한 얼굴로 씁쓸한 웃음입니다.

그러나 피곤에 떨어져 이내 든 잠인데
"나이 들어 안 하던 '한 이불 속'의 단잠!"

어쩌다 한기寒氣에 눈을 뜨니
외로움에 뒤엉켜 쓰러진 채
냉방冷房의 쓸쓸한 '새우잠'이고.

안쓰러워 가지 못해 머뭇거리는지
방문이 열린 마당에는 아직까지도
서뭇한 햇살이 지켜보는 방안입니다.

너무한 사랑이 1

그토록
그리던 정情인데

마주하면
이토록 멀어만 갑니다.

돌아갈 본향이
바로 저기 보이는데

네 탓 네 탓 하니
사랑이 너무한 것인가?

너무한 사랑이 2

어쩌다 나누는데
말마다 웬 가시가

달리도 말할 수
있었을 텐데

오랜만인데도
맴도는 찬바람들.

그러는 게 아닌데
이러는 게 아닌데.

‘못 벗을 짐’

우리 모두에게
‘못 벗을 짐’이 있습니다!

모르기까지에는 마냥 즐거우나
깨달으면 버거워도 못 벗을 짐이기에
이냥 체념하고 살아가는 게지요.

사는 동안 못 견디게 짓눌러도
나누어 질 수 없는 짐이기에

유일한 ‘처방전’은
“…그러려니…” 뿐이나
우리 누구나 그리 쉽지 않지요.

그렇게 멀게만 여겼던
그 ‘날’이 가까워 올수록
무게를 더하는 ‘영육靈肉’의 짐.

그러기에 사는 날까지
'못 벗을 짐'이랍니다.

기다리다 못해

엷은 비단결 베일이 내려와
설치는 괴음들을 감싸 안아
곤히 잠재운 고요한 밤입니다.

허나 가냘픈 초침에 밀리면서
굵고 묵직한 시침이 서러이 울며
자정을 넘은 지도 오래이지요.

그러나 해맑은 영靈은
더 큰 눈으로 법석이고

어느새 밤이
서녘 하늘로 잔별을 쓸어가서
남아 깜박이는 몇 몇 큰 별이 외롭습니다.

이제는 불그레한 여명黎明에
흐릿한 졸음마저 말려 엉키는데

'맑은 영靈'은
아직도 아스라한 저 하늘 밖이라
기다림에 지치 늘어지는 육肉입니다.

‘지엄한 명령’이

달과 별에 아랑곳하지 않고
새 역사를 만드는 밤이지요.

그러기에
땅 위 모든 것들이
가까이 멀리서 우러러 지새우고

더러는
달과 큰 별들마저도
숙연한 침묵의 푸른빛인가 봅니다.

그래서 나도 그 중의 하나로
어두운 거실의 한밤이지요.

밤은 악령들이 눈을 뜨기 전에
정령精靈들로 모은 비밀한 것으로
이전에 없는 새 선물을 만들고

또 소중히 그것들을 가려서 뽑아
밤을 지새우며 고심하는 이들에게
부지런한 그들에게 더하여 주며

더 좋은 새 세상을 만들어가라고
소리 없는 '지엄至嚴한 명령'이랍니다.

'놀이터의 꿈'

나부끼는 새하얀 머리카락으로
전前 해年에 찾아간 놀이터죠.

사진첩에 두어 장이 남아서
누렇게 바래버린 흑백사진 속의
꾀죄죄한 그 동무들이 보고파서

일일이 집마다 찾아갔을 때
그들마저 가버린 지가 이미
오－래, 오-래라고 하였죠.

날마다 모여서 내용 없는 이야기로
끼니를 거르며 기대고 뭉개어서
봉분이 낮아진 뒷동산 남쪽 자락

그 위 넓은 잔디밭에 봄 여름 가을이면
계집애 머슴아이 모여서
뒤엉켜 구르다가 부딪쳐 아파하고

더러는 주렁주렁 매달리고 굴러대는
철없는 아이들의 무게에 못 이겨서
힘줄을 드러내고 늘어져 버텨주던
놀이터 서쪽 끝에 늙은 느티나무 한 그루.

그 모두가 사라진 그 자리에
두세 길 자라버린 소나무 숲을
휘휘 둘러보는 그 때였죠.

언뜻언뜻 보이는 하얀 옷자락에
간간이 들려오는 귀에 익은 웃음소리!

반가운 그 동무들 만나보려
소나무 사이를 이리저리 헤매다보니
푸른 나무 사이로 보이는 흰 구름이었네.

소리 없는 울음으로 늘어져 내려오다
헛디뎌 나뒹굴며 내지르는 소리에

소스라쳐 일어앉은 어두운 침대에서
꿈길을 뒤지다가 허전한 긴 한숨입니다.

황금들 저 편의 은빛 서해가 내려 뵈던
별 하나 차지하려 할퀴고 싸우며 울었던
우리 동네 뒷동산의 푸른 잔디밭이여!

옷소매에 코딱지가 덕지덕지 말라붙고
아무런 근심 없이 뒹굴며 뛰놀던
내 고향의 뒷동산 '놀이터의 꿈'입니다.

소나기

천둥 번개가 요란히 지난 후
모처럼의 산행山行이죠.

푸르고 아름다운 산이었는데
피부은 소나기로 골짜기가 깊어지고
더러는 황토黃土 속살이 드러났습니다.

그처럼 세차게 쏟아지듯 내려쳐서
짙푸른 산 모습에 상처가 있듯이
때로는 입에서 나오는 험한 소나기로
아름다운 상대에게 상처를 입히죠.

그래서 니나없이 알게 모르게
서로가 멀어져서 이로울 게 없잖아요.

끝나는 그 날까지

어느 산허리에 옹기종기 자리한
너덧 채의 초가가 마을이었죠.

칭얼대는 어린애를 달래려
뒤뚱뒤뚱 걸음의 뒤를 따라
나지막한 집들의 골목길을 돌아 나가니

눈 아래에 길고 넓게 확 트인
수만 평의 논과 밭이 펼쳐지고

흰 구름이 흘러가는 파란 하늘 아래
푸른 산을 넘어오는 상쾌한 바람에
풍선처럼 부푸는 삼십 대의 아빠는

"산들바람이 산들 분다.
달 밝은 가을밤에 달 밝은 가을밤에
산들바람 분다.
아 너도 가면 이 마음 어이해."

산에, 산에서 되돌아오는
메아리에 홍겨워 부르고 부르다가
제 정신일 때

"아차, 내 딸,
귀여운 내 어린 딸……?"

당황하여 이리 저리 허둥거리다가
단숨에 내려달려 올라간 앞산자락

"여리야—! 여리야……!"
정신없이 아이를 부르며 헤맬 때

건너편 저 멀—리에서
'반가운 울음소리'라!

또 다시 달려 내려 올라간 산중턱의
어느 나지막한 초가草家 마당입니다.

새하얀 머릿결을 바람에 흩이시며
인자한 웃음의 노모가
귀여운 꼬맹이를 안고 어르며 나오셨죠.

반가움에 인사 없이 빼앗듯 덥석 안아
눈물 젖은 얼굴에 뽀뽀하다 언뜻 보니
고 귀여운 고사리 손에는 아직도
까까 사먹을 지폐紙幣가 꼭 쥐었었고

눈물 고인 눈으로 아빠를 원망하듯
빤히 쳐다보며 흐느끼던 어린 내 딸!

그 딸 안고 어르며 마당을 나오다가
그만 꼬꾸라지는 비명에서 눈을 떴죠.

너무도 안타까워 멍하니 앉아서
허전한 긴 한숨 연거푸 내쉬는
쓸쓸한 침대 위 노부老父였죠.

그런데 그 '어린 애'가 말입니다.
맏아들을 군軍에 보낸
쉰을 바라보는 내 맏딸 여리如梨입니다!

"아, 어쩌다 나왔는가,
어찌하다 그 꿈을 잃었는가!

아름다운 그 꿈을 안고서
이 세상 다하는 그 날까지
꼭 간직하고 살아가렵니다."

사람으로

아, 에덴의 동산이어라!

여기,
애 어른 남녀 없이
모두가 알몸으로 저리들 평화로우니
여기가 아담, 하와의 에덴동산이구려!

신神의 손을 빌어서 쪼고
갈고 닦아 이루어서 저렇게
보드랍고 포동포동한 살결인가!

그런데 아뿔싸
너무나 참혹한 이 광경!

달나라 모형의 전시관에
사지四肢와 머리 없는 여아女兒가,
한 어린애가 쓰러진 채 버려졌습니다!

아마도, 이는 사람으로
머지않아 암울暗鬱할 달나라일까?

아, 가을인가 봐

저 멀리
푸른 산 너머에서
하얀 뭉게구름 피어오르고
드넓은 들에는 황금물결 출렁이니

아 가을인가 봐!

후우 불면
날아갈 듯 엷은 하늘을
곱게 씻어 내린 비단결 바람에
고요한 심연心淵에 잔물결 이네!

구름무늬 저고리 고름을 풀고서
파-란 가슴으로 서슴없이 다가와
허전한 입김을 소슬하게 불어대니

아, 가을인가 봐!

꿈길의 임들은 만날 길 없이
하얀 머릿결만 세월에 더하며
영원한 고향으로 외로이 걸어가네.

배로 늘린 귓구멍에

그림자 길어가는 어느 산기슭에서
아스라한 들녘에 눈을 떼지 못하는
게슴츠레한 눈매의 늙은 여우마냥
어둑한 거실의 소파에 기대앉아
떠나서 오지 않아 기다리는 사념思念인데

불빛 두서넛이 저 멀리서 달려와서
창안을 들여다보며 마주하는 눈길로
서로가 보내는 지긋한 윙크wink입니다.

이를 시기하듯 어둠으로 다가와
겹겹이 가린 거뭇한 품(가슴)을
살포시 열어 보이는 선포산 입니다.

일렁이는 피못을 가라앉히며
실눈을 크게 떠 뚫어지라 살피니
가느다란 나뭇가지 호젓한 사이에

조그맣고 쓸쓸한 산새의 둥지에서
사르르 사르르 일어나는 파문波紋!

숨을 멈추고 배로 늘린 귓구멍에
가끔 가끔은, 짹짹. 짹짹짹.……?

아마도 어쩌면 가냘픈 산새들이
지친 날개 파닥이는 벅찬 숨결로
머나 먼 어느 나라로의 여로旅路에서
동무들과 나누는 이야기가 간간이
끊기다가 이어지는 소린가 봅니다.

짹 짹. 짹 짹 짹. 짹 짹 짹 짹——!

* 선포산(船浦山) : 인천광역시 부평구 산곡동 남서쪽에 위치한 산.

저들이 머무는 곳에서나

성골 잔등 너머
건지산 큰 솔밭 서북쪽에
반나절 더 걸려야 한 바퀴를 돌아오는
'지너리 방죽' 큰 길의 한나절이지요.

어린 동무 너덧이 나란히 걸으며
조잘대다 터지는 함박웃음소리로
오수午睡 즐기다 놀란 고기들의 줄행랑에
스르르 흔들리는 연못가 수초水草들.

웃음을 멈추어 한참을 지켜보다
바지 걷어 올려 무넘기를 건너서
논밭두렁 넘고 넘어 산을 오르는데

미끄러워 서지 못해 소나무 붙잡으며
기듯 하며 오르느라 너무나 힘겨워서
후줄근한 옷들로 올라간 '한가메' 산.

반나마 허물어져가는 담장 안에
쓰러질 듯 비스듬히 기울어진
어느 성씨姓氏의 제실齋室 한 채

대문을 밀치고 들어가 보니
잡초가 무성한 널따란 마당에는
깨진 기와 쪽이 널려져 묻혀있고

녹슨 문고리를 두셋이 당기자
굉음에 재껴지며 드러나는 빈 방들

신발로 들어가 방마다 살피니
큰 방의 벽장에서 두둑한 먼지로
주인을 기다리는 담뱃대 하나!

얼마 못 가서 폐허될 울안이라
별별 생각에 풀밭 뜰을 걸어 보고

마루에 앉아서 두리번거리다가
허전하고 서글픈 한숨으로 일어섰죠.

가파른 산길을 앞뒤로 내려오다
한 애가 헛디뎌 넘어지는 아우성에
그만 나와 버린 어린 시절입니다.

어린 동무 모두가 가버린 꿈길이고
이제는 날숨마저 가냘프고 짧아져서
저들이 머무는 곳에서나 어울리겠지요.

* 지너리(지비리:芝飛里) : 성황산 서북쪽에 위치한 연못으로 계화도 사람들이 부안읍 시장을 오고가는, 부안읍에서 성황산 뒤로 돌아 한가메를 지나면 바로 맞닿는 꽤나 넓은 연못.

2

아름다운 새벽

저 영웅英雄을

주름이 흉하도록 자리한 얼굴에
거뭇한 죽음의 꽃이 가득 자리한
저 영웅을 누가 저리 방치했나.

반세기 전에
저 위대한 분들로
오늘의 풍요를 누리는데.

기역자 몸 세 발로 의지하고
쓰레기통에서 무슨 보물을 찾으려
구슬땀을 흘리며 저리도 뒤지는지.

한참을 뒤지다가 그늘진 얼굴로
먼 하늘 하염없이 우러를 때
지나는 미풍이 새하얀 머릿결을 흩이는
처량하고 처절하신 저 노인장老人丈.

창문과 대문을 훨쩍 열었다던
나라의 제일 큰 부잣집은
밖을 못 보는 청맹靑盲이들뿐인가?

저렇듯 알거지로 돌아볼 사람 없고
어려운 여생의 저 위대한 영웅을
누가, 그 누가 안식을 주어야 하는 건가

구겨진 가랑잎

가느다란 가지에 매달려
실바람에 외로이 바래가던
가냘픈 연초록 잎이었죠.

오래인 그 후

구겨진 가랑잎으로 길에서 마주하며
서로는 멈칫 서서 품어내는 긴 날숨들—

그것은 이내 거대한 너울로 다가와
심연心淵에 부딪치며 소용돌이쳐
하얀 포말泡沫로 산산이 흩어지자

서로, 서로는
씁쓸한 웃음들이었죠.

그러다가 '초라한 서로'는 애틋이
그저 애틋하게 바라만 보다가—

영원永遠에 휘말려 멀리 멀-리들 희부옇게
아스라해 간 구겨진 가랑잎이었습니다.

허전한 현실

막내로 형님基秀을 마지막 보내드린
함께 나고 자란 하늘과 그 땅에서
너무나 허전하여 울어버린 현실입니다.

어머니를 가운데로 칠 남매가 둘러앉아
아버지의 옛이야기에 흠뻑 빠져들어
손뼉 치고 웃으며 이리 저리 뒹굴어
구들장이 들썩이고 벽이 흔들릴 때

바스스 열리는 문 안으로
저녁 드라마를 알리는 아내의
목소리에 아랑곳하지 않고 달려가서,

"어-머-니! 아버지—,
큰형님- 작은누님—, 작은형님—"

목구멍이 찢어져라 울부짖으며
메아리 따라 산과 들로 헤매다가

지쳐서 돌아와 기대어 잠이 든
책상골의 아버지 묘소였습니다.

외치는 소리에 놀라서 눈을 뜨니
저녁식사 하자고 웃으며 굽어보는
고희 넘은 아내와 노령老齡들
단 둘만의 늦은 저녁 대화는
쓸쓸하고 '허전한 현실現實'입디다!

* 선은동 : 필자가 나고 자라며 꿈을 키우던 청소년 시절을 보낸 고향 마을.

* 책상골 : 책상골(冊床谷)로 선은동 동편에 위치한 산자락 이름.

우리는 하나인데

이보시오
이제는 그리 맙시다.

'둘뿐인 하나'인데

마주보는 얼굴에
웬 힘이 그리들 자리하오.

제발, 생각 없이
불쑥불쑥 맙시다.

서로가 멀어져서
이利 될 게 없지 않소.

우리는 오직
둘뿐인 하나인데.

아름다운 새벽

불그레한
여명의 멍석이 펴지고

무지갯빛
구름 연등이 걸리며

찬란한
서광의 천막이 서자

홍포紅袍의
황태자 등극에

만상이 환호하는
아름다운 새벽이여!

엇박자 걸음

어차피 동행하는 길에서
엇박자 걸음은 아닙니다.

무거운 짐 서로 메고
세 남매男妹 앞세워 갈 때
속옷에 땀이 배는 엇박자는
사나이 다리에 힘이 되었지요.

애들 다 제 길을 보내고서
가벼운 어깨로 손을 맞잡아
서로를 챙기며 가야 하는 길인데

산 그림자 다가오는 황혼黃昏에
엇박자 걸음이 왜 그리 잦습니까.

얼결에 내딛는 발길이
어쩌다가 길가 암 수렁에 빠져들 때
재빠르게 내던진 앞선 분의
동아줄이 내 몸을 휘감았고

허우적이는 소리에 달려와
애들이 던지는 가느다란 줄이
팔과 손목을 휘감았지요.

울력으로 빠져나와 기진해 누웠으니
안쓰러운 시선으로 내 님이 바라보며
말없이 망울망울 흘리는 눈물.

그것은 심연心淵에 떨어지며
암벽에 부딪치자 거센 물보라로
얼굴과 온몸이 후줄근히 적셨죠.

그러니 말입니다
어차피 동행同行하는 길에서
엇박자 걸음은 정말 아닙니다.

구름 산

저 산 너머에 선녀마을 있나 보다.

송이송이 손질한 하얀 솜* 무더기

덥석 덥석 한 아름씩 안아서

푸른 산바람에 훨훨 날려 올려

티 없이 맑은 파ㅡ란 저 하늘에

저리도 탐스럽게 뭉게뭉게 쌓고 쌓아

하얗고 우람한 구름 산을 만듭니다.

* 솜 : 목화木花. 면화棉花를 솜틀에 타나온 것.

수렁에서 나오기까지는 1

가끔가끔 걸어오는 엇박자에
피곤을 모르던 두 다리가
어쩌다 수렁에 빠져버렸죠.

어울림에 헤어난 온몸에
검붉게 배어든 수렁 물을 빼내기란
어지간히 힘든 일이 안입디다.

부축하는 게 번거로워서
스스로 걷기를 마음에 두니
좀은 안쓰러워도 안심인가 봅디다.

수렁에서 나오기까지는 2

그 검붉은 수렁 물을 빼려고
마음을 다잡으면 누구나가
다 할 수 있는 일입니다.

그러나 옷에 배고 몸에 스민
지저분한 냄새마저 빼어내기란
여간한 인내와 힘든 일이 아닙니다.

씻고 나면 배어나서 또 씻으려니
온몸에서 일어나는 반란의 신경들!

가족들이 알까봐
남들에게 드러날까
어금니 물어가며 다독일 때
목구멍을 메우며 나오는 화염뭉치!

그 '한숨'을 홀로 감당하기란
너무너무 힘들고 못 견디게 버겁도록
눈에는 안 보이는 '무거운 짐'입니다.

그러나 이것이 '내 몫이려니' 발을 절며
절뚝거리며 태연히 메고 가는 이 짐

그런데 '안 보이는 탓'인지요.
가끔씩 또 걸어오는 엇박사 길음에는
중추中樞가 막히며 혼미할 때 있답니다.

수렁에서 나오기까지는 3

‘살같이 빠르다’는 세월은 옛말이고
‘학수고대鶴首苦待’란 거짓이 아닙디다.

누구나가 생각하고 듣기에
암癌이란 끔직한 그 말이
대수롭지 않았던 일상日常이었는데

더러운 물빛은 바래고
냄새도 사라진 듯하나

초조焦燥한 나날은 더디고
거듭하는 생각의 눈으로 보면
아직도 냄새와 색깔이 또렷한 듯하여
쉼 없이 달리고 달렸는데
지구의 반 바퀴 선線이
이리 긴 줄을 미처 몰랐습니다.

달려 돌아 멈춘 그날, 이 날은 말이죠
하얀 뭉게구름 두둥실 춤을 추고
그 사이사이로 하늘의 파-란 미소微笑에
유난히 발그레 웃는 태양의 아름다운 웃음이고!

팔을 높이 펴 흔들며 환호하는 나무들
더 높이 머리 들어 굽어보는 산과 산들!

이 세상 그 모든 것들이
오직 나만을 위해, 나를 향한
축복의 환호임을 깨달았답니다.

수술대의 그 음성!

하늘을 가린 한없는 솔밭 외길을
무엇에 홀린 듯이 달려가 멈춘 곳이
동서로 길고 넓은 호숫가입니다.

바람 없이 고요한 맑은 물가에
붕어들이 떼 지어 수초水草 사이로
한가로이 유영하며 가끔 가끔씩
삐릿삐릿 토해내는 조그만 물방울들로
거울 같은 수면이 사르르르 일그러지는 한낮.

호수 건너편의 휘늘어진 버드나무 뒤로
드높이 드러나는 찬란한 궁전들인데
무지개로 감긴 듯한 꽃배 한 척에
하얀 옷 여인들이 춤추며 손짓하며
나를 향해 점점 다가오는 그때였죠.

"타지 마라, 그 배를 타지 말라.
호수湖水를 건너면 안 되느니라…!"

어디선가 들려오는 다급한 음성으로
얼결에 일어나 정신 들어 살피니
흰 구름 떠가는 파란 하늘 아래
드넓은 풀밭에서 한가히 졸며 되새김하는
수많은 양떼들 사이에 누워 있었고

눈이 다시 감겨 잠들려 할 때에
또 다시 들리는 애타는 목소리
"깨어라, 일어나라, 어서어서 일어나라 …!"

어찌어찌 하다가 스르르 눈을 뜨니
마취에서 깨어나기 기다리는 아내와
사랑하는 아들 딸 며느리가 둘러선
수술대 위의 편안한 몸이었습니다.

"타지 마라, 그 배를 타지 마라.
호수를 건너서는 안 되느니라—,

깨어라, 일어나라, 어서어서 일어나라 …!"

지금도 생생한 그 음성
귓전에서 맴돌며 사라지지 않는 음성입니다.

자리

이보, 거기가
정해진 곳이 아니니

살피고 또
살펴서 앉게나.

그리고 다음
그 다음에는

보다 우리를 자리로
웃으며 물려주시게.

기동력起動力

성글어진 골惱 탓인지
기억을 잘 못한 24 일이었죠.

몸이나 다지려
병원에서 송내역까지의
인도 오른 편 잔디 위를 걸을 때
밟히는 대로 들려나는 소리입니다.

"하늘을 가르는 번개와 우레로
휘몰아치는 폭풍우에도 아랑곳 않고
푸르게 푸르르게 마음껏 피고 자라다
뜨고 지는 해로 단풍이 되었다네.

그러던 나날에 다하는 수기水氣로
흑갈색 몸이 되어 날려 떨어져서
동네 어린애와 강아지 발에까지
밟혀 찢기고 짓이겨진 몸이 되고

이제 더는 못 버티게 바스러져서
내 자리에 돋아날 다음 해의 새 생명 위해
부토腐土로 돌아갈 그날만을 기다리며
그대 발에 마지막 포근함의 선물일세!"

측은하고 거룩함이 엄습해 감싸 와서
온몸이 저리도록 뛰는 심박心搏에
눈과 발의 새로운 기동력이 되었습니다.

* 송내역(松內驛) : 경기도 부천시 원미구 중동 소재 역(전철 1호선 인천행 중간 역)

* 석천길(石川路): 송내역에서 순천향대학병원으로 가는 길 중 하나며 석천동이란 마을 이름에서 유래했다 함.

힘겨운 삶

둔한 사람,
미련한 놈 같으니!

들어가지 못할 임의
어느 처사處士 자리에
끼어든 허물을 알고서는

건너던 다리橋가
무너지는 한숨으로
이내 되돌아 와서도

그 오랜 세월을
이토록 못 잊어 하는
어느 둔패기 놈은

잊어야 될 '일지逸志'란 이름을
성한 이가 다 닳도록 되씹으며

'이도 저도 못하는'

지겹고 힘겨운 삶이랍니다.

어쭙잖은 노래

아직은 마르지 않은 침샘이기에
때때로 부딪는 몸엣 것들로
어쭙잖은 노래의 파랑새지요.

간간이 너울져 온 풍랑이 세월의 암벽에서
무지갯빛 물보라로 부서지며 흩어지고

더러는 푸른 나뭇가지마다 망울져 아롱이다
결로 스며내려 아무도 보지 못한
깊이와 넓이 모를 비취색 호수湖水지요.

가끔씩 일어 오는 수평선의 구름으로
하얗게 수놓은 파란 하늘은 더욱 곱고

호숫가 풀밭의 나무둥지에 살면서
붕어들이 내뿜는 은구슬 물방울들로
사르르 일그러지는 수면水面을 보며

미풍에 안겨오는 야릇한 내음에
이내 가느다란 목줄을 길게 늘여
어쭙잖은 노래의 파랑새랍니다.

보이는 날숨

잠의 늪에서 헤어나서도 눈을 감은 채
조용히 귀를 기울입니다.

오래인 날들에 그 모두를 빼앗기고
이제는 얼마간인지 남은 '날숨'이죠.

그마저, 세월의 계곡에서
시간의 바위에 부딪혀 돌다가

날카로운 분, 초에서
산산이 조각나 가루가 되고

마침내 희부옇게 늘어져
끊길 듯 흐늘흐늘 엉켜서

영원의 동굴로 희미하게
흐려지며 아스라해 가는 날숨이여!

3

인사 없는 이별

햇살만을

유리창을 기웃거리던 햇살 무리가
어느새 들어와 무릎을 간질입니다.

무거워 늘어진 여러 고압선을 메고
오늘도 키 겨루기에 안간힘 다하는
선포산船浦山 위 두 철탑들.

그리고 그 아래 붉은 십자가에
옛이야기 두서넛이 뒤엉켜 매달려
떨어질 듯 나풀거리는 이른 아침이죠.

보다 못해 이내 줄달음쳐 올라가서
더듬더듬 실마리 찾아 올올이 풀리려는데

느닷없이 우리는 전화벨 소리로
그만 도로 엉키고 헝클어져서

소파를 박차고 일어나서

애꿎은 햇살만을 짓이기는 아침입니다.

* 선포산(船浦山) : 인천광역시 부평구 산곡동 소재의 산.

이냥 두고 봅시다

굵은 주름이 꿈틀거리는 이마의
전철 안 우대석의 노인장들.

전철에 들어오자 거침없이 껴안고서
입술을 마주하는 젊은 남녀
몇몇을 서로들 흘겨보면서

"에이, 못마땅해
저 것 저것들…!"

눈살을 찌푸리는 긴 한숨으로
연이어 주고받는 이야기들입니다.

"이보시오, 너무들 그리 마시오!
귀와 눈이 없으면 편안할
요놈의 '진흙탕 세상'이라서

뒤척이는 밤잠으로 지새우다
이 세상 이어받을 저들이 아닙니까!

애처로울 저 운명들이니
이냥 두고들 살아봅시다!"

안 맞는 서로

"우리들은 안 맞는 서로랍니다.

똑같게 만드는 창조주가 아니래요.
그래도 맞붙임은
서로가 맞추어 가라는 게지요.

그렇게 저렇게 지나다 보면
엇비슷이 닮아간답니다.
그리고요, 똑같으면
얼마 안 가서 싫어질 거랍니다.

그러면 멀어지는 사랑으로
서로가 싫어져 갈린대요.

그래기에 조물주가 창조주죠!
그러니 애초부터
우리는 안 맞는 서로랍니다."

가여운 뇌까림

"귤橘을 탱자라
탱자를 귤이라."
하다보면
어느새 가시 울 속입니다.

벗어나야지, 어서 벗어나야지.
더 날카로워지기 전에
이 울을 벗어나서
움츠린 나래를 훨쩍 펴고

파란 하늘을 저 높이
훨 훨 훨 맘껏 날며
목이 터지라 노래를 불러야지.

가시 울 안
흰 새의 가여운 뇌까림입니다.

그 애가! 그만,

—꿈에서 깨어나

사십대 초반으로
어느 여고 선생인데

따스한 봄 야외에서
삼삼오오 모여 노는 애들 앞을
바바리코트 차림에 흐느끼며 지났죠.

그 때 한 애가 달려와
그도 눈물을 글썽이며 달래듯이

"선생님, 왜 그러세요!…?"

"눈이, 내린 눈雪이
다 녹아서…!"

서슴없는 대답에
함께 안타까워했던 학생,

안경 쓴 어린애 같던
예리한 성품의 자그마한 金x姬.
그 애가, 그만, 그 애가……!

졸업 후, 두서너 달 지나서
심영란沈英蘭 친구와 예고 없이
방문한 지 이삼 년 후인데.

그 애가—!
그만, 자살自殺 소식으로……!

인사 없는 이별

때때로 함께 해도 볼 수 없는 괴짜에
한밤의 농락으로 피곤해 지칩니다.

몰래 살그머니 침실로 돌아가
벌떡 큰 대大 자字로 편안한데

소리 없이 따라온 그에게
이내 일으켜 끌려간 서재書齋이죠.

그리고 또 몇 시간의 실랑이로
저도 나도 지쳐서 흐느적이다

스르르 맞닿는 눈까풀로
저절로 인사 없는 이별이었죠.

그 어린 싹들을

삼가 그 어린 싹들을
또 삼가고 조심하소!

지금은 여리고
그리 가냘파도

온실을 벗어난
그 어느 날엔가는

하늘과 땅을 떠받치고
이어주는 '거목巨木'이 나옵니다.

그리고 아무런들
땔감이야 안 되겠소.

노부老夫의 이야기

물길 따라 때 없이 나돌며
고래고래 지르는 어설픈 노래도
꺼림 없이 퍼져나가는 화평한 세상!

파-란 저고리 황금치맛자락에
날마다 씻기고 닦이는 몸이라
더더욱 밝아지는 눈귀와 마음이지요.

더러는 밤낮의 비밀을 캐내려
시도 때도 없이 헤젓고 다닙니다.

오늘은 번져가는 황혼을 뒤지다가
어느 수로水路 언덕의 풀밭에
검은 그림자로 외로이 멎었죠.

가쁘게 뿜어내는 대지大地의 호흡이
소용돌이 질풍으로 하늘을 뒤흔들어
떨어져 내리는 유성들의 긴 섬광閃光.

더부룩한 풀숲에서 밀애密愛하다 놀라
우왕좌왕 날아올라 길을 찾는 개똥벌레들!

그리고 안성 새포 신척 매잔 마을의
외로운 가로등이 마구 달려와서
연이은 이야기로 밤을 샘을 모르는데

여명黎明에 떠밀리는 어둠이 힘겨워
질질 흘러내리는 불그레한 땀으로
흠뻑 젖어버린 온몸이 끈적거려서

그제야 후줄근한 옷 털털 털며
굳어버린 오금을 어렵사리 펴다가
어쭙잖은 웃음으로 구시렁거리는

동진면 이른 새벽 넓은 들녘의
설 미친 노부老夫의 이야기입니다.

호수가 장승으로

서녘 하늘에 자리하는 황녀黃女의
붉은 치맛자락이 펄럭이자 놀라서
모두는 끼리끼리 떠나버린 대공원 안.

여인은 이내 갈매기 화신으로 날아와
꾸역꾸역 토해내는 불그레한 활명수로
깊이 모를 호수를 벌겋게 물들이며

간간이 소용돌이 너울로 밀려와서
허전한 가슴에 부딪쳐 돌다가
무지개 색 포말泡沫로 심연을 물들이고

희미한 호수에 거뭇한 고요가 자리하여
우짖던 새들도 이제는 잠들어 고요한데
흔들리는 마음을 다잡지 못해
호숫가 언덕에서 그냥 이대로
외로운 장승으로 어둠에 묻힙니다.

한밤중에

어둠이 살포시 자리하여
고요를 나아가는 마당 안

가끔 가끔씩
들려오는 소리들!

아마도 어린 봄들 사이로
늦은 봄의 새끼고양이 걸음인데

한밤이라
더러는 밟혀서

어린 봄들의 잠투정 소리에
늦봄도 놀라서
발버둥하는 소린가 봅니다.

슬픈 울음의 숙명

우리의 멎을 수 없는 울음의 숙명은
어머님의 잉태孕胎서부터 지워졌죠.

그리도 아늑하던 그 성城을 나오는 순간
무자비한 가위로 엄마와의 인연 줄이 끊기면서
이별의 슬픔을 모른 채
세상에 터트린 첫 울음이었습니다.

그리고 사랑의 손을 꼭 붙잡고
힘 다해 땅 끝까지 가려 했는데

그 어느 때인가
잡은 손을 매정히 놓으시고
비틀걸음 밀쳐내며 등 뒤로
자꾸자꾸 멀어져만 가실 때

아이는 그때서야 이별을 아는
두 번째의 슬픈 울음이었습니다.

그런데, 그런데 말입니다.

짝을 지워주시고
손孫들이 커나가던
그 어느 날부터였지요.

힘없이 초라한 모습으로 서서히
저만치, 저－만치로 작아져 가시며
몸을 가누지 못하는 안타까운 모습입니다.

아뿔싸! 몰래 몰래 훔쳐보며
때때로 뒤돌아 살펴서야
그만 이별의 참뜻에
때 늦은 회한悔恨의 몸부림은 이미
무의미한 짓임을 깨달았습니다.

인제는 자녀 손들을 보면서
저들도 장차는 저들도

목 안이 헐어 붉은 피를 토하며
한없이 하염없이 소리 없는 울음의 외침으로
끝내 살아가야 할
슬픈 울음의 숙명宿命임을 깨달았죠.

이 세상에 더없이 귀하고 소중한
아버지 어머니란 그 이름이옵니다.

그리고 첫 만남으로 지금까지
삶을 함께 한 또 한 분인 내 반 쪽 임이지요.

서로가 있는 힘을 아무리 다해도
진한 정을 모르는 채 저-만치로
자꾸자꾸만 멀어져 가니 말입니다.

앉으나 서나
늦었어, 이제는 늦었어.
남 몰래 밤낮없이 안절부절 못하는데.

사랑의 진한 정을 모두모두 놓으시며
남은 이의 슬픔과 외로움에 아랑곳없이
영원으로 연기처럼 사라질 분들이기에

저 파-란 고향을 바라보면서
들어가는 그날까지는 멎지 못할
슬픈 울음의 숙명임을 깨달았습니다.

반가운 목소리

그리던 고향인데
이제는 타향입니다.

아무도 없는 빈 집

비 내리고 촐촐한
어느 오후午後

빈 방에 홀로

컴퓨터 앞
초라한 모습인데
핸드폰의 반가운 울림소리!

'새로운 소식과 섭생攝生의 문안'에,
"날마다 헬스클럽에 다닌다."는 대답에
그리도 반기는 아들의 음성입니다!

나이에 안 걸맞은 강건剛健에도
타지他地의 연만連巒한 아버지가
그리도 마음에 안 놓이는지

바쁜 공무公務에도 성실하게
안부를 염두念頭하는
열 아들과 안 바꿀 효성의 외아들 李丙太와
선한 심성心性의 우리 효부 安美羅의 목소리!

홀로 내려와 머무는 외로움을
잠시나마 잊게 하는 반가운 목소리입니다.

새벽의 숲

찌는 무더위!
유난히 기–ㄴ 가뭄
피곤한 나무들.

종일 내려 쌓인 햇볕가루가
밤 내 머금은 습기로 무거워지고
새벽이면 축 늘어진 푸른 잎을
스르르 스르르르 미끄러져

똑– 똑– 떨어져 내릴 때마다
밤새 걸러진 숲속의 해맑은 공기에는
사르르 사르르르 고요한 파문이 일어납니다.

가지를 움켜쥔 가느다란 발가락에
찌릿 찌릿 전해오는 미동微動으로
가냘프고 조그만 몸 부르르 떨면서
더디더디 열리는 피곤한 눈꺼풀인데

참새들 턱 앞에는 또
지겨운 한여름의 하루가
기다리는 새벽 숲이랍니다.

고달픈 삶

새들이 모여드는
해거름이면
바람도 함께 하는가 봅니다.

어둠의 베일이 살며시 내려와서
어수선한 숲을 소리 없이 감싸자
쪼그만 부리를 가난한 가슴에 묻고
실날 발가락을 의지해 조용히 잠들면

잽싼 바람은 이때를 놓칠세라
잔털 사이사이로 슬며시 들어가
하루 길의 피로를 푸는가봅디다.

그리고
여명이 몰아오는 새벽소리에
어제의 무거운 사연들을 묻은 채로
살–짝 살–짝 빠져나와 몸을 털고

햇살 따라 또 다시 하루 길의
정처 없는 여정旅程을 떠나는
바람의 고달픈 삶인가 봅니다.

전원 숲에서

한밤이 소란하여 살그머니 나와 보니
넓은 마당 가득히 몰려 내려와서
푸르스름한 이야기로 한창인 별무리들!

방해 않으려 처마 밑 그림자로 조심스레
살금살금 슬며시 들어간 동 북으로
200여 평 남짓의 어둑한 전원田園 숲

가득 찬 맑은 공기를 헤쳐 가며
나무 사이사이 더듬어 나아가려니
새하얀 달빛이 잎 사이로 내려와
소리 없이 따르며 앞뒤를 밝히고

곤히 자는 숲속의 무리를 깨우지 않으려
안으로 안으로 숨을 죽이고
천근 무게로 살–짝 살–짝 걸음인데

발꿈치마다에서 웬 천둥소리가
바-스-락, 버-스-럭- 부-스-러-ㄱ!

* 평교 : 일 년에 며칠씩 체류하다 가는 중학교 후배 김종희의 전북 부안군 백산면 평교리(坪橋里)의 빈 집에서.

한여름의 도시

겁 없이 치솟은
고층건물들이
찌는 무더위로 누그러져 휘고

하늘까지 차오르는
땅의 열기로
어둠의 도시는 거대한 열탕熱湯입니다.

지쳐 늘어져 에어컨을 켜놓은 채
내려진 눈까풀이 얼마 후일까
웬일로 어쩌다 지긋이 열렸죠.

드러나는 깊이 모를 검은 늪에서
큰 불빛 몇 몇이 허우적거리고
세상을 휘잡아 유리창에 짓이기던
어둠이 힘에 겨워 여명에 밀리며
창살에 흘리는 망울망울 진땀인데.

촉촉이 목을 적신 만상萬象은
머리를 들어
해를 향해 환호를 하는 어수선 속에
한여름 도시는 새날을 맞습니다.

살며시 소리 없이

날이 저물면 새와 바람을 불러 모와
품안에 고이 재우는 숲인가 봅니다.

모여든 서로는 가지와 잎에서
하루의 이야기로 어수선할 때

거뭇한 비단결 베일을 살며시 내려
소리 없이 사르르 감싸 안아 재우나 봅니다

그리고 어김없이 이른 새벽이면
여명으로 엷은 어둠을 말아 올리고

저들의 곤한 잠을 흔들어 일깨워서
지겨운 하루 길로 또 보내는가봅니다.

4

희미한 시선으로

한밤의 피못

자정이 지나도록 짙어 내린 어둠이
호젓이 자리한 산곡 2동 우성 5차 아파트
어린이놀이터 그 앞 길 건너편 이층
에이스 노래연습장 간판의 화려한 불빛도
졸음에 겨워서 가물거리는 이 한밤

그 아래 웨스턴인더스 호프집
출입문 오른편에 몇 년을 한 자리에
단 한 벌 옷으로 파수하며 서있는
카우보이 마네킹이 너무나 외롭습니다.

서늘한 초가을 비 부슬부슬 내려서
길거리를 설치던 강아지도 안 보이고
길가 가로등이 외로워 쓸쓸한데

때맞추어 다복다복 걸어가며
소곤소곤 나누는 여인의 목소리가
우산 아래로 간간이 빠져나와서

6층까지 차오르는 정적에 실려와
조용한 피못을 한밤에 일깨우는
두 여인들의 정겨운 이야기 소리여.

다림질에도

시간의 다듬잇돌에
초秒의 방망이질에도

해가 더할수록 질풍에
날로 구겨지는 세월입니다.

그리고 쉼 없이
분分의 다림질에도
주름이 더해 가며
결에 스미는 바람입니다.

그렇게나 보기에도
거룩하고 귀했는데

쉴 새 없이 다듬어도
나날이 황량해 가는 세월입니다.

고운 내 님이여

새벽부터 보슬비는 내리고
딱히 할일이 없어 멍하니 그냥 앉아
빗줄기를 세어보는 촐촐한 이른 아침.

헌데, 그 머—ㄴ 데서
이리들 찾아온 임인데

서상 옆에 우두커니
말없이 서 있다가
그냥 소리 없이 가버렸어라.

너무나 다정하고 고왔던
파—란 나라의 내 님인데.

몸부림의 가랑잎

바람에 시달리며 검붉어가다
하늬바람에 날려 와서 자리한
호남 들 한 자락의 가랑잎이죠.

주룩 주룩 내리는 비로
더디더디 열리는 새벽인데
이른 아침부터 메마른 가슴에
사정없이 뚫려가는 구멍입니다.

머ㅡㄴ 하늘을 향해
남은 힘 다하여 외치다가

늦가을 비바람에 훑기며
이리 시리도록 애달파서

이도 저도 못하여
몸부림치는 가랑잎입니다.

거룩한 땅들이

몇 번을 보고 눈여겨 다시 봐도
그토록 귀한 옥토沃土들이었는데

넘치던 피못은 말라 기며
좁아드는 수로들로
곳곳에 숨어 살던 붉은 생명들이

생생하고 신선한 그 많은 것들이
하나하나씩 시간에 먹혀가서

머잖아 황망한 박토로 변할 게
너무나 또렷이 보여 갑니다.

그리도 기름지고 아름다웠던
거룩한 그 땅들이 말입니다.

어느 한낮의 오후

바람 불며 비가 내려서
갈 곳 없는 한낮 오후

딱히 할 일도 없어
책상에 기대어 앉아
시간의 숨통만을 죄어 가는데

못 가본 머나먼 곳의
그리운 동무들이 찾아와서
말없이 히죽 히죽 웃더니

그냥 나 홀로 남겨두고
흔적 없이 사라져 간 어느 오후

이리 비 내리고 갈 곳 없을 때
잠자리와 새들도 어딘가에서
비를 피해 조용히들 졸고 있겠지?

아름답게

이보, 그 자리는
절대가 아니니

삼가 살피고 또
살펴서 앉으시게.

그리고 다음
그 다음에는

보다 더 우러를 자리로
아름답게 물리시게.

희미한 시선으로

한 무린데 서로들 멀－리 날려서
해마다 계절 따라 벌 나비와 철새들로
끊임없는 소식으로 오늘에 왔지요.

그렇게 그렇게 지다가
어느새 검붉어 말라지고

조금 남은 노랑 바탕으로
버겁게 매달려 버티다가 그만
모진 바람에 떨어져 날려가며

가난한 가슴들의 여울에
여린 파문을 남기면서
그림자마저 안아서 멀리
저 널－리로 아스라해가는 것을

몇 몇 코흘리개동무들이 남아 떨며
허전하여 애잔한 모습으로 보내며

희미한 시선으로 한없이 하염없이
좇아보는 초라한 모습들의 가랑잎입니다

노부老夫의 슬픈 노래

내려오면 열일을 제쳐놓는
그리도 다정한 코흘리개 동무들

오늘도 백여 리 길 익산益山에서
선뜻 차 몰고 온 산수의 현산玄山

그 요영堯永이의 승용차로 내달리며
지껄이다 어긋난 길 물어물어 가느라
점심때가 한참 지난 오후 두시 경

내장산 가는 길의 호숫가
어느 매운탕 집에서 소주를 겸하여
허출한 배 채우니 더 바랄 게 없어져
가려던 길 되돌려온 평교 집입니다.

앞뒤 없는 이야기로 너나없이 지껄이다
기운 해를 알고서야 반쪽 찾아 가버리고

빈 방의 외로움에 내몰려 나간 곳은
별가루 희부옇게 쏟아져 내리는
둥글고 거무스름한 드넓은 평교들.

까닭 없이 메어 나오는 날숨에
이내 흔들리는 야음夜陰이여.

"해는 져서 어두운데 찾아오는 사람 없어
밝은 달만 쳐다보니 외롭기 한이 없다.
내 동무 어디 두고 이 홀로 앉아서
이 일 저 일을 생각하니 외롭기 한이 없다."

젊은 날에 그리도 아름다웠는데
인제는 그리워 보고픈 임들로
서럽게 부르는 애잔한 노래여라!

눈시울 시리도록 손등으로 훔치며
흐느껴 부르는 노부老夫의 슬픈 노래!

"고향 하늘 쳐다보니 별 떨기만 반짝거려
마음 없는 별을 보고 말 전해 무엇 하랴
저 달도 서쪽 산을 다 넘어 가건만
단잠 못 이뤄 애를 쓰니 이 밤을 어이해."

—고향 생각—

* 평교(坪橋) 집 : 일 년에 두어 번씩 내려와서 임시 체류하는 집으로 전북 부안군 부안읍과 백산면 일대에 걸친 평야 소재 마을의 중 후배인 김종희의 빈집.

그 님은

허전한 밥상 앞에
외로움 뭉개고 앉아서

이렇게 마음 아파
한술을 못 뜨는데

그 님은 아마도
이보다 더 하겠지!

외로운 고함高喊

홀대忽待의 어두운 터널에서
두 세대世帶 넘도록 묵묵히
미련스레 퍼져버린 긴 잠들

이제는 깨어라
일어나자 어서어서

모악산母岳山아
변산반도邊山半島야
노령산맥蘆嶺山脈이여
호남의 넓은 들은 입을 열고
그 위 하늘이여 큰 눈을 부릅떠라.

자정이 멀어가는 황량한 광야에서
여명黎明에 떠오를 태양을 바라며
목이 찢어져라 고래고래
외쳐대는 외로운 고함高喊이여!

때가 아니라서

제 몫 다하고 잠자려는 들을
듬직한 어둠이 내려와서
들을 감싸 안아 재우려는데

왜, 일 없이 때 없이 나돌며
목이 아픈 노래로써 깨우려는가?

"이보시게,
지금은 때가 아닌가 보네!"

힘 다한 노래가 메아리로
허공에서 허무히 사라지니.

인생

1.
"어이,
빈 집에서 홀로
무얼 그리 하나?"

"이게 인생인 걸!"

눈가 깊은 주름의
어쭙잖은 '쓴웃음'입니다.

2.
"여보시게!
그 넓은 들을 왜 그리 헤매나."

"이게 인생 아닌가?"

'너털웃음'입니다.

눈이 내리네

눈이 내리네.
빼곡히 내리네.

잿빛 하늘에서 쏙 쏙 쏙 빠져나와
검은 발자국을 하얗게 덮어가며

찡그린 얼굴마다
환한 미소로 바꾸네.

눈이 내리네.
어두운 세상에 하얀 행복 가득 안고
고요히 내려와서 모두, 모두에게
부드럽고 아름다운 화평한 맘 안겨주네.

눈이 내리네.
천사들이 뿌리는 눈꽃들이
너울너울 추며 하늘 가득 내려오네.

이상도 하네

거 참,
이상도 하네.

거대한 그물 속에서
별들도 단잠인 때에

왜!
그대만이

거실을 서성이며
안절부절 못하는가?

그래도 대답 없이
묵묵한 나를 향해

거 참, 이상도 하네.
한밤이 아닌가, 이보시게!

한밤의 생그레

야음이 흔들리면 요정들이 화낼까봐
조용히 방문을 열고 나오자
거실의 어둠이 이내 안아다가
소파에 살그머니 앉혀 놓습니다.

별다른 생각 없이 고개 돌리자
벌써 다가온 별들이 바라보며
힐긋힐긋 어둠에서 인사를 보냅니다.

그리고 저 멀리 십자가 아래서
재빠르게 달려온 불빛 하나가
초라한 나를 향해 구시렁거리며

대답이 없는 창窓 안의 맹추에게
지긋이 보내오는 한밤의 생그레여!

아직은 아닙니다

사랑하는 그님들을 어디로
다 몰아다 놓았습니까.

해年는 기울어도
아직은 낮이라 여기는데

해 갈수록 그리워져
이리 상한 낙지랍니다.

그리 보고프면
성큼 오라는 겝니까.

임이여,
아직은 아닙니다.

5

분주한 영혼

둔패기 놈이

미련한 사람
둔한 놈 같은 이

임의 깊숙한 곳
어느 처사處士 자리에
주책없이 끼어든 허물을 알고서는
건너던 다리橋가 무너지는 한숨으로
이내 되돌아 와서도

'일지逸志'란 그 이름을
성한 이가 다 닳도록 되씹으며
지겹도록 오랜 세월을
이토록 못 잊고 괴로워서

그렇게,
고된 나날의 몸서리로
해쓱히 야위어가는
미련한 둔패기 놈의 삶이랍니다.

'날숨'

그렇게도 거칠던 잠의 늪에서
어쩌다 헤어 나와 앉아
숨을 죽여 조용히 바라봅니다.

그리 남지 않은 날숨들인데
세차게 흐르는 세월의 계곡에서
시간의 바윗돌에 부딪쳐 돌며
분, 초에 믹서mixcr되어 가루되고

허허한 하늘을 향해
희부연 연기처럼 흐늘흐늘
끊길 듯 끊길 듯이 엷어지며

멀리 저– 멀리 영원으로
아스라해가는 '날숨'이여!

울어버린 현실

어쩌다 밀려나 잃어버린 현실에
그만 울어버린 현실입니다.

아버지의 재미나는 이야기에
어머니와 둘러앉은 칠 남매의
박장대소에 구들장이 들썩이고
벽이 흔들리며 무너지려할 때

노크에 안방 문이 열리면서
드라마 시작이라 알려주는
아내의 목소리에 아랑곳 않고
도로 감아 찾아간 곳이지요.

외아들 抦一과, 막냇동생을 남기고
차마 떠나지 못하는 이승이었을까

두 눈가에 '눈물'이 젖어 있었던
형님과 나고 자란 터전입니다.

말다툼 한 번 없이 그처럼
따스한 우애의 칠남매인데

이제는 홀로 남은 막내가
이리 목메는 몸부림으로
“어-머니-! 아버지―!
형-님-. 작은 누님― ―”

울며불며 메아리 따라
들과 산으로 헤매다 지쳐 돌아와
기대어 앉아 잠이 든 아버지 묘소墓所지요.

그런데, 그런데 말입니다.
순간에 밀려 나온 이 현실.

다시는 들어갈 수 없는 그 현실에
못 견디게 허전하고 그리워서
홀로 훌쩍이는 침대 위 노부老夫입니다.

분주한 영혼

어둠에서 길을 찾으려 헤매는
해를 인도하려 여명의 동산에 오르고

붉어지는 놀의 사연을 알아내려
거뭇한 산정山頂에도 머뭅니다.

어딘가에 숨겨 놓은 설빙고雪氷庫와
단풍잎 물들이는 물감을 찾아오려
한여름 한낮에 하늘의 여로旅路고요.

밑도 끝도 없는 파란 허공에
뭉게구름 궁전들을 우람하게
마구 지어가며 바꿔가는 하얀 바람들의
아름다운 비밀을 알아내려 헤매 돕니다.

요즘처럼 따스한 이른 아침이면
한란韓蘭 군자란君子蘭 양란洋蘭들의

분주히 오고가는 비밀한 이야기를 엿들으려
남쪽 베란다를 때 없이 찾습니다.

자녀들을 제 길 다 보내놓고
귀 눈이 어둔 이웃 노인들에게
난蘭들의 봄소식을 전해주려고
쉴 새 없이 분주한 영혼입니다.

정말 웃기지오

"크나 작으나들 정말 웃깁니다!"

작대기 먹고 체한 놈마냥
발끝에서 고개까지 뻿뻿하고
웬 걸음은 또 여덟팔자입니까?

하늘에서 버림받은 괴물들처럼
도시마다 섬뜩한 고층건물들 사이를
무서운 줄 모르고 겁 없이 질주하는
중대형 검은 승용차들 말입니다.

그리고 부도덕을 마다 않고
자리에 연연하는 파렴치한破廉恥漢들은
한참 모자라는 꼴통들일까요?

그런데, 그런데 말입니다.
그들을 감싸 돌며 희희 만면한 꼴불견들을

뭐라 할까요?
'지랄들 하고 자빠졌네?'

허허, 웃기지요.
참으로 웃깁니다.

날숨이여

열매 거두고 늦가을 되니
예고 없는 회오리바람에
결 일어 어긋나서 비뚤어집니다.

그럴 때면 남녘 하늘에서 하나하나씩
연한 무지개 나날들이 아련히 떠올라서
눈길 따라 서서히 북녘으로 다가와 감싸지요.

그리고는 엷은 날숨에 뒤엉켜서
흐느적흐느적 무색으로 감돌다가
끊길 듯이 엷어져 산산이 조각나고

마침내 무색의 포말泡沫로
분, 초에 뒤엉키며 영원으로
하늘하늘 아스라해 가는 날숨이여.

부부夫婦요?

부부는요?

1+1은 남남과 같고요.

1+0.5도 아니랍니다.

(1-0.5)+(1-0.5)래야,
참 부부랍니다!

김 권사님 내외

대충 꾸려 내려온
호남의 서쪽자락
십여 호가 이웃한 신농마을입니다.

보름이 지나도 앞뒤를 따르며
매서운 손길의 동장군 졸개들.

옆집의 김 권사님 내외에
앞집의 부지런한 젊은 신씨의
신실히 살면서 베푸는 온정溫情.

끈임 없이 보살펴 주고
아낌없이 대하는 포근한 마음.

오륙 년 간 내려와서
육칠 개월 뒤엉키며
온몸에 가득 배인 정과 사랑!

가벼운 발길로 떠나려 들면
발이 선뜻 안 내키는 마을이지요.

집에 와서 제 일에 사무쳐 살아도
언제나 웃으며 나타나는 임들로
아쉬운 마음 달래며 살아갑니다.

* 김 권사님 내외 : 김금순 권사와 김기남 남전도 회상.

사위어가는 영혼

한밤이 지나고 자정이 멀어 가면
으레 방방 뛰며 몸부림하다가
통곡하는 영혼을 봅니다.

같이하던 애들은 거의 가버려
낮 설은 늙은이만 앞에서 서성일 뿐.

듬직한 젊은이는 눈길도 없이
멀리 멀리로 지나치기 때문이죠.

눈을 크게 뜨면 할 일은 태산이고
쏜살처럼 다가와서 영원을 향해
달아나 묻히는 순간의 나날이기에

이 길에서 이제는 이도저도 못하고
새로 오는 그 새 날이 두려운데
멀어가는 자정이 안타까워서

이리저리 뛰다가 안절부절못하고
처절한 통곡으로 사위어가는 영혼입니다

깊고 긴 한숨으로

처음 만날 때 그리도 고왔는데
어느덧 고희 지나 산수傘數 앞 내 님을
자정을 지나며 몰래 몰래 훔쳐봅니다.

중년 넘어서며 신병身病에 사로잡혀
버거운 세월에 끌려오는 힘겨운 삶이었죠.

칠흑 머릿결에 백옥의 고운 얼굴
작지 않은 체구에 맏며느리 몸매.

바람에 씻겨갔는가.
세월이 훑어갔는가.

이리저리 헝클어진 새하얀 머릿결로
주름이 자리한 윤기 없는 얼굴이며
바싹 야윈 몸으로 구겨진 듯 누워서
드나드는 공기조차 힘이 드는지
괴로운 숨결의 침대 위 내 사랑아

한 번을 일어나기 그리 힘에 겨운지
방안 불에 텔레비전 켜놓은 채로
파리한 잠결의 초라한 내 님이여.

내 탓일까,
팔자일까?

대신을 할 수 없는 따로이고
각 방의 잠자리라 하는 수 없어
까칠한 손등으로 눈물을 훔치며
깊고 긴 한숨으로 살그머니 나옵니다.

낙엽 길을 걸으며

아내와 뒤 앞 되어
대로변 낙엽길을 갑니다.

어린애 손바닥에서 어른 손
두세 배의 거뭇한 이파리들.

지나는 이들에게 밟히고 짓이겨져
찢어지고 흐트러진 볼품없는 낙엽들.

이들도 봄 여름 가을까지는
크나 작으나 그 나름의 화사로
찬사와 감탄의 눈길이었으리라.

그러나 이리 땅에 떨어지니
발길들에 무심히 짓이겨져
하나도 제 모습이 아니구나.

힘겨운 삶

훨훨 털어버리고
가도 될 곳인데

한 번 가면
다시 못 오는 고향이라서

사랑의 임들로
좀 더 오래 머물고파

힘겨운 삶이지만
이도 저도 못합니다.

한밤의 심연

소설小雪 절기에도 눈은 아직이고
어둠이 젖어 내려 무거운 밤입니다.
인적마저 일찍 끊긴 이슥한 거리에
외로이 울며 떠는 가로등.

내리는 빗줄기를 일일이 세려 드니
정적靜寂이 우성 5차 6층까지 차오르고
그 위로 가끔 가끔씩 사르르 밀려와서
유리창에 부딪치며 부서지는 고요의 소리.

자정이 한참 지나 아늑한 호수에는
때 없는 바람으로 물결이 일어나고
모여 자던 산호숲의 금붕어들이
놀라 깨어나 몰아쉬는 숨결에
삐리, 삐리 올라오는 물방울로
사르르 파문이 이는 한밤의 심연心淵이여.

영원으로 전해질

길을 가다가 우두커니 바라봅니다.
어느 집 뒤 울 안에 피는 꽃
활짝 핀 꽃, 시들어 가는 꽃들을.

그래 그래
그래야지.

힘 다해 활짝 펴서
보는 이에 기쁨을 주고
많은 열매 남기고서
미련 없이 가야지.

그리고
훗날에 그 훗날에
입으로 이어지고 영원으로 전해질
아름답고 고운 꽃 이름으로 남아야지.

어쩔 수 없이

많은 것을 주고
준 만큼 가져갑니다.

그러나 무엇보다
안겨줄 때
더없이 고마운데

그냥 두면 어때서
빠짐없이 회수回收하죠?

그래도 어쩔 수 없이
함께 해야 하는 고맙고
얄미운 대상의 시간이죠.

바람風

바람처럼 세상에
자유로운 게 없나 봅니다.

하늘과 땅 위를 거침없이
마음 내키는 대로 쓸며 다니며
세상을 웃기고 한참 울립니다.

그러나 우리 몸에 이는 바람은요
모든 세상을 등지게 하니 말입니다.

무상無常

어눌한 노래로라도 어울리던
오 년 전의 그가 아닙니다.

가죽에 뼈만으로 겨우 부지하는
침대 위 산송장인 동무를 보자
중추가 막혀버린 코흘리개동무들
道山 青巖 皓岩 海州 그리고 나는
목구멍으로 넘기는 쓰디쓴 눈물.

그런데 그 순간 젖먹이 어린애의 웃음으로
단 한 사람을 알아보듯 했죠.

모두는 기뻐서 큰소리로
"나를 아느냐, 나를 알아보느냐!"에
어쩌다 마주하는 시선으로
뚫어지라 한동안을 보는 것은
아마도 지난날의 흐트러진 늪에서
기억의 실마리를 더듬나 봅디다.

그렇게나 강건하고 자신에 가득하던
국민학교 동기동창 촌놈 정하靜何가
이제는 침상의 산 해골骸骨로…!

안타까워, 서로는 아까워서
정하靜何야, 홍두弘斗야 번갈아 부르는데
먼 하늘로 향하는 그의 시선視線.

無常, 無常, 人生無常.

"헛되고 헛되며 헛되고 헛되니 모든 것이 헛되도다. 사람이 해 아래서 수고하는 모든 수고가 자기에게 무엇이 유익한고

한 세대는 가고 한 세대는 오되 땅은 영원히 있도다. 해는 떴다가 지며 그 떴던 곳으로 빨리 돌아가고 바람은 남으로 불다가 북으로 돌이키며 이리 돌며 저리 돌아 불던 곳으로 돌아가고

모든 강물은 바다로 흐르되 바다를 채우지 못하며 어느 곳으로 흐르든지 그리로 연하여 흐르느니라.

만물의 피곤함을 사람이 말로 다 할 수 없나니 눈은 보아도 족함이 없고 귀는 들어도 차지 아니하는도다.

이미 있던 것이 후에 다시 있겠고 이미 한 일을 후에 다시 할지라. 해 아래는 새 것이 없나니.

무엇을 가리켜 보라. 이것이 새 것이라 할 것이 있으랴. 우리 오래 전 세대에도 이미 있었느니라.

이전 세대를 기억함이 없으니 장래 세대에도 그 후 세대가 기억됨이 없으리라." —〈기독교 성서 중에서〉

씹고 되씹어 토하고
다시 되새김질하며 돌아온 서울

하차下車한 모두는 우두하니 서서
말없이 서로들 빤—히 바라만보다가
그냥 健康하자 健康하자.

씁쓸한 한마디 말로 돌리는 발길은
땅에 이끌려가는 걸음걸이였습니다.

쉼표의 고향

훌훌 털어버리고
가야할 고향이기에

지레 한 번쯤
생각해 보지요.

그런데 왠지
내키지 않아 주저하며

초조와 슬픔으로
얼기설기 뒤엉키고

선뜻 못 가고 다시 생각하며
거의가 쉼표로 마치는 고향이지요.